AF590330

Extrait

de la *Nouvelle Revue historique de droit français et étranger*, 1913.

LA FORME ORIGINELLE

DE LA

DONATIO MORTIS CAUSA

L'aliénation fiduciaire « mortis causa ».

Dès qu'on s'efforce de préciser les rapports de la *mortis causa capio* et de la *mancipatio familiae*, on est naturellement amené à reconnaître, dans la donation à cause de mort originelle, un acte de mancipation fiduciaire *mortis causa* (1). C'est même autour de cette aliénation fiduciaire que s'est formée, à notre sens, la théorie de la donation à cause de mort. Ce n'est pas là, au surplus, une simple conjecture. Nous pourrions donner des raisons d'ordre linguistique ou d'analogie, qui appuieraient une telle opinion. Nous indiquerons pour l'instant, de manière précise, les textes qui, retrouvés dans le Digeste, se rapportaient sans doute, dans leur état primitif, à cette forme de la *donatio mortis causa*. De ces textes se dégageront des règles générales. En les rassemblant, nous rechercherons quelles sont celles d'entre elles qui ont survécu à cette mancipation fiduciaire et se sont traditionnellement transmises, éprouvées par la pratique et répondant aux exigences de la vie juridique, comme un legs important du passé.

1. — De ces textes que nous pouvons retrouver dans

(1) L'aliénation fiduciaire *mortis causa* a dû se réaliser tout d'abord par une *mancipatio* plutôt que par une *in jure cessio*. Car son cas primitif d'application semble avoir été celui de maladie grave; et l'*in jure cessio* suppose, par ailleurs, la comparution personnelle des parties devant le magistrat.

le Digeste sous le couvert d'interpolations, il en est un, et c'est le seul à ma connaissance, qui est d'ordinaire produit comme permettant d'affirmer que la fiducie sert, parmi ses nombreuses fonctions, à réaliser une donation à cause de mort. C'est un fragment de Papinien, *D.*, 39, 6, *de mortis causa donat.*, 42, *pr.* (1). L'espèce, qu'il rapporte, est la suivante. Seia a fait mancipation de ses biens, à titre de donation, à Titius l'un de ses cognats; elle s'est réservé l'usufruit; et il a été convenu que, si Titius prédécédait, la propriété reviendrait à la donatrice, au contraire que, si elle mourait avant les enfants de Titius, les biens leur reviendraient. A nous en tenir au seul cas de prédécès de Titius (2), il n'est pas

(1) Papinianus, *lib. 13 responsorum*, *D.*, 39, 6, *de m. c. donat.*, 42, *pr.* : « *Seia cum bonis suis* <*traditionibus factis*> *Titio cognato donationis causa cessisset, usum fructum sibi recepit et* CONVENIT, UT, SI TITIUS ANTE IPSAM VITA DECESSISSET, PROPRIETAS AD EAM REDIRET, *si postea superstitibus liberis Titii mortua fuisset, tunc ad eos bona pertinerent. igitur si res singulas heredes Lucii Titii vindicent, doli non inutiliter opponetur exceptio.* < BONAE FIDEI > *autem* IUDICIO *constituto quaerebatur, an mulier promittere debeat se bona, cum moreretur, filiis Titii restituturam. incurrebat haesitatio non extorquendae donationis, quae nondum in personam filiorum initium acceperat, sed numquid interposita cautione* PRIOR DONATIO, QUAE DOMINIO TRANSLATO PRIDEM PERFECTA EST, *propter legem in exordio datam retinetur, non secunda promittitur? utrum ergo certae conditionis donatio fuit an quae mortis consilium ac titulum haberet? sed denegari non potest mortis causa factam videri, sequitur, ut soluta priore donatione, quoniam Seia Titio superstes fuit, sequens extorqueri videatur...* ». Keller restitue : *mancipationibus factis*. Je préférerais : *in jure*. Au surplus, la réserve d'usufruit n'est possible (*Fr. Vat.*, 47) que par *mancipatio* ou *in jure cessio*, non par *traditio* (*Fr. Vat.*, 47 a).

(2) La question, qui fait doute, est celle de savoir si la clause « *si postea superstitibus liberis Titii mortua fuisset, tunc ad eos bona pertinerent* » est ou non valable. On se demande si cette clause constitue moins une donation nouvelle que l'accomplissement intégral de la première donation. En d'autres termes, s'agit-il ici d'une donation entre vifs, accompagnée de certaines clauses spéciales, ou bien d'une véritable donation *mortis causa?* Le jurisconsulte décide qu'il y a bien ici donation *mortis causa*, et non pas simple donation, comme auraient pu le faire supposer les termes *donationis causa* du début du texte. En conséquence, Titius donataire étant mort, l'objet de la donation peut être réclamé par la donatrice au moyen de l'*actio fiduciae*; l'opération est circonscrite et achevée, *soluta priore*

douteux qu'une pareille donation, faite par Seia avec clause de retour, vaille. C'est un contrat de fiducie, comme l'avait remarqué Keller (1), qui s'est alors formé entre les parties. L'espèce suppose en effet : de la part de Seia, et un transfert de propriété par *mancipatio* ou *in jure cessio* et une réserve d'usufruit par la même *mancipatio* ou la même *in jure cessio;* de la part de Titius, une convention de rendre ou de dessaisissement sous condition suspensive, *si Titius ante Seiam vita decessisset.* Or, cette aliénation et cette convention sont les conditions mêmes d'existence du *pactum fiduciae.* Il y a, dans ce cas, aliénation fiduciaire; et la condition suspensive en est la *causa mortis.* Ce qui le prouve, c'est la sanction de l'opération rapportée, au Digeste, dans une forme manifestement interpolée. En effet, la condition se réalise : Titius meurt avant la donatrice. Il doit y avoir, selon les termes du pacte, retranslation de propriété à Seia. Comme Seia a déjà par devers elle la chose, s'en étant réservé l'usufruit, elle n'aura qu'à la conserver désormais, il est vrai, à titre de propriétaire. Mais si, craignant que les héritiers de Titius n'agissent en propriétaires sur les biens, elle préfère exiger la retranslation de propriété : elle le fera à l'aide d'une action que le texte interpolé, conforme au droit de Justinien, dénomme *judicium bonae fidei.* Nous déterminerons le nom de l'action dans l'œuvre des compilateurs du Digeste. Dans le texte primitif, au temps où la mancipation fiduciaire était encore en usage, ce ne pouvait être que l'*actio fiduciae.*

2. — Ainsi ce fragment de Papinien nous donne un

donatione; il faut une nouvelle promesse pour rendre valable la seconde clause.

(1) Keller, *Z. f. gesch. Rechtswissensch.*, 12, p. 400 s. Sur ce texte, cf. notamment Appleton, *Hist. de la compensation en droit romain*, p. 326 et s. Pour sa comparaison avec le paragraphe 283 des *Fragm. Vat.*, cf. Senn, dans *Études P. F. Girard*, 1, p. 284 s.

exemple de mancipation fiduciaire *mortis causa*. Ce n'est pas le seul, à notre sens, qui puisse être découvert parmi les textes du Digeste.

La recherche en est cependant rendue difficile par suite de l'interpolation nécessaire que les fragments, se rapportant à une telle opération, ont dû subir au temps de la compilation. Nous ne pouvons les découvrir, à l'exemple du texte de Papinien, que sous le couvert d'une tradition (qui a partout remplacé la mancipation) avec convention de rendre, désormais conçue comme une convention de faire et interprétée comme les éléments d'un contrat innommé (combinaison *do ut facias, si...*). Parfois même, il n'est pas aisé de préciser la pensée première des jurisconsultes, dans ces fragments qui nous ont été transmis. Et l'on peut souvent se demander, à bon droit, si ces fragments, dans leur forme primitive, rendaient compte ou bien d'une mancipation, demeurée à l'époque de ces jurisconsultes le procédé normal de dation des *res mancipi*, avec convention de *fiducie*, ou bien d'une tradition avec convention de rendre, interprétée désormais comme convention de faire (*ut facias*); en conséquence, s'ils sanctionnaient cette opération ou bien au moyen d'une *actio fiduciae*, ou bien au moyen d'une *condictio*, à laquelle s'adjoignit parfois une *actio in factum*. Toutefois, lorsqu'il s'agit de dation de *res mancipi*, le plus sûr sera toujours de supposer que les parties ont employé le procédé normal de dation, la mancipation; sauf à vérifier si les détails rapportés par le texte ou l'ensemble du titre dont ce texte a été détaché ne font pas présumer, dans ces espèces, emploi de la seule tradition.

Les prédécesseurs ou les contemporains de Papinien nous fourniront de la sorte des indications précieuses sur cette mancipation fiduciaire *mortis causa*. Il est ainsi toute une série de fragments du jurisconsulte Julien qui semblent s'y rapporter. Julien donne même, à ce propos, une théorie d'ensemble de la donation à cause de mort, en indiquant les différentes formes qu'elle peut revêtir pour atteindre le but voulu. Dans le fr. 2, *D.*, *de mortis causa donat.*, 39, 6, le jurisconsulte annonce qu'il y a trois espèces de donations à cause de mort : la première suppose une donation faite *sola cogitatione mortalitatis*; la seconde, une donation faite par une personne exposée à un péril imminent et qui a pour effet que la chose donnée appartienne immédiatement en propriété à l'*accipiens*; la troisième a lieu lorsque, sous l'impression d'un danger, quelqu'un donne à cet effet que la chose donnée appartienne en propriété à l'*accipiens* non pas de suite, mais seulement lorsque mort s'en sera suivie pour le donateur. Ce texte prête d'ordinaire à de nombreuses controverses. Et cependant il se comprend aisément, si, délaissant pour un moment l'abstraction, on consent à se reporter vers la réalité vivante et à se demander quelles étaient les formes usitées pour atteindre chacun des trois résultats indiqués par Julien. Nous aurons à constater que la première espèce de donation se comprend d'une stipulation *mortis causa*, telle que l'entend Festus, 161, *v° mortis causa stipulatio*; la troisième, d'une tradition conditionnelle de la chose. La seconde espèce, *cum quis* IMMINENTE PERICULO COMMOTUS *ita donat ut* STATIM *fiat accipientis*, s'entend à son tour d'un transfert de propriété (1), normale-

(1) Cette seconde espèce de *donatio mortis causa*, indiquée par Julien, trouve également son application dans deux cas : au cas d'aliénation fiduciaire *mortis causa* et au cas de contrat innommé de *donatio mortis causa*. Ces deux cas existent au temps de Julien. La mancipation n'a pas cessé d'être le procédé normal d'aliénation des *res mancipi;* et l'aliénation fiduciaire est fréquente. On peut user aussi du contrat innommé de *donatio mortis causa* : alors, si l'objet donné est une *res mancipi*, le donataire n'en aura que la propriété prétorienne; si cet objet est une *res nec mancipi*, le donataire en aura la propriété civile ; et, quelle que soit la propriété acquise, le donateur aura une *condictio* en vertu de la convention de rendre. — Le jurisconsulte, en signalant la seconde espèce de *donatio mortis causa*, devait naturellement avoir en vue ces deux cas, tous deux en vigueur de son temps.

ment d'une *mancipatio* ou d'une *in jure cessio*, s'il s'agit de *res mancipi*. Et à ce transfert de propriété s'adjoint une convention de rendre, un pacte de fiducie, sous la condition que le donateur recouvre la santé ou échappe au danger. Il serait en effet puéril, remarquons-le, parce que le texte ne l'énonce pas, de contester cette convention de rendre conditionnelle, puisqu'elle constitue précisément ici la *causa mortis* qui, sans elle, ferait défaut. Le texte n'hésite pas à la sous-entendre, pour cette simple raison qu'il ne peut pas être compris sans elle.

Nous pourrions, au surplus, déjà relever dans ce premier fragment de Julien ce motif du transfert immédiat de propriété, qui se rapporte, à notre sens, aux origines mêmes de la mancipation fiduciaire *mortis causa* (1) :

(1) Un texte de Marcellus, *lib. 1 ad legem Iuliam et Papiam*, *D.*, 39, 6, *h. t.*, 38, fait encore, au surplus, la distinction entre la *mortis causa donatio* et les autres *mortis causa capiones*. « *Nam mortis causa donatur* QUOD PRAESENS PRAESENTI DAT, *mortis causa capi intellegitur et quod non cadit in speciem donationis* ». Ce texte a fait l'objet de nombreuses controverses. Les interprètes sont seulement d'accord pour décider que, sans doute, le *quod praesens praesenti dat* ne signifie pas que la donation exige la présence des parties; car des textes précis enseignent que la donation peut intervenir entre absents (*Fr. Vat.*, 282 ; *D.*, 39, 5, de *donationibus*, 10, 13). Or, à notre sens, bien au contraire, on a continué à réserver la dénomination de *donatio mortis causa* pour le cas originel d'aliénation fiduciaire *mortis causa;* car, d'après les principes mêmes du droit, nécessairement au cas de *mancipatio* et d'*in jure cessio*, la comparution personnelle des parties est exigée : *praesens praesenti dat*. Cependant, l'aliénation fiduciaire disparut. Le texte de Marcellus fut conservé par les compilateurs. Or, précisément, la dénomination de *donatio mortis causa* servit à désigner la forme technique qui remplaça l'aliénation fiduciaire *mortis causa*, c'est-à-dire le contrat innommé de *donatio mortis causa*. Sans doute, la tradition du contrat innommé n'exige plus la comparution personnelle des parties; elle peut avoir lieu entre absents : cependant, comme au cas d'aliénation fiduciaire, il y a un transfert immédiat de propriété. Seulement les jurisconsultes byzantins et les compilateurs, en reportant le texte de l'aliénation fiduciaire au cas de contrat innommé, n'ont pas supprimé le *quod praesens praesenti dat*. Ils ont seulement convenu que la dénomination s'appliquerait, désormais, au cas où le donateur a transféré de suite la propriété au donataire, à leur époque par *traditio* comme jadis par *mancipatio* ou *in jure cessio*. C'est ce que disent les Basiliques, *lib. 47*, *tit. 3*, *de mortis causa donat.*, 38 : Ἡ θανάτου αἰτίᾳ δωρεὰ παραχρῆμα δίδοται, ἡ δὲ θανάτου αἰτίᾳ λῆψις ἐπι

le donateur était *imminente periculo commotus*.

3. — Dans le fragment qui va suivre, nous aurons encore à indiquer, à propos de la donation à cause de mort, l'une des principales caractéristiques de la *fiducia cum amico* : à savoir le droit de révocation, l'application d'un *jus paenitendi*, de la *paenitentia*, pour employer une expression certainement de beaucoup postérieure à sa formation.

Il s'agit du fr. 16, *D.*, *h. t.*, 39, 6, où Julien déclare que, tandis qu'on ne sait encore si le donateur peut recouvrer la santé, la *donatio mortis causa* peut être révoquée (1). Or, ce droit de révocation, qui est aussi indiqué par des textes de Marcellus et de Paul (2), n'est pas, comme on a voulu jusqu'à présent le penser, particulier à la donation à cause de mort. L'aliénation fiduciaire est révocable, quand il est question de *fiducia manumissionis*, au gré de l'aliénateur (3). Elle est révocable, de manière générale, quand il s'agit de *fiducia cum amico* (4). On a déjà fait remarquer qu'un certain nombre de textes qui parlaient de *jus paenitendi* étaient des textes interpolés, qui, dans

πληρώσει αἱρέσεως. Dans la *donatio mortis causa*, disent les Basiliques, on transfère de suite la propriété, tandis que, dans la *mortis causa capio*, cette translation a lieu seulement par l'accomplissement de la condition. N'est-ce pas là un souvenir de la forme originelle de l'institution?

(1) Iulianus, *lib. 29 digestorum*, *D.*, 39, 6, *h. t.*, 16 : *Mortis causa donatio*, ETIAM DUM PENDET, *an convalescere possit donator, revocari potest*.

(2) Marcellus, sous Iulianus, *lib. 17 digestorum*, *D.*, 39, 6, *h. t.*, 13, 1 : ... *sic potest donari*... UT REDDATUR, *etiamsi prior ex eadem valetudine donator decesserit, si tamen* MUTATA VOLUNTATE *restitui sibi voluerit*... ». De même, Paulus, *lib. 6 ad legem Iuliam et Papiam*, *D.*, 39, 6, *h. t.*, 35, 4. — Paulus, *Sentent.*, 3, 7, *de mortis causa donationibus*, 7, 1 : « *Donatio mortis causa, cessante valetudine et sequente sanitate*, PAENITENTIA ETIAM REVOCATUR ; *morte enim tantummodo convalescit* ».

(3) En ce sens, Gaius, *lib. 9 ad edict. provinc.*, *D.*, 17, 1, *mandati vel contra*, 27, 1 ; Iulianus, *lib. 13 digestorum*, *D.*, 17, 1, *h. t.*, 30. Ces deux textes sont interpolés. V. Pernice, *Labeo*, 3, 1, p. 128-135.

(4) En ce sens, notamment un texte interpolé de Marcellus, *lib. 7 digestorum*, *D.*, 24, 1, *de donat. inter virum et uxorem*, 49. V. Pernice, *Labeo*, 3, 1, p. 136.

leur forme primitive, se rapportaient à la fiducie (1). Il n'en est pas différemment, à notre sens, du droit de révocation qui appartient à l'aliénateur. Nous avons déjà pu indiquer le rapprochement qu'il est nécessaire d'établir, au point de vue de leurs origines, entre la *mancipatio familiae*, la *fiducia manumissionis*, la *mortis causa capio*. Séparées, celles d'entre ces institutions qui survivent, conserven t leur caractère originaire. Il n'y a pas lieu de s'étonner, comme le fait Pernice (2), que Julien, par exemple, ait ici admis la *revocatio* qu'il repoussait si nettement dans tous les autres cas de *dationes ob causam*. C'est que la théorie de la *donatio mortis causa* ne s'est pas faite à propos d'une combinaison *do ut facias mortis causa*, mais à propos de l'aliénation fiduciaire *mortis causa*. Ce droit de révocation arbitraire est moins une particularité de la donation à cause de mort qu'une application générale, dans un cas particulier, des règles de la *fiducia cum amico*. Quelle différence de fond peut-on, en effet, établir entre le cas où un individu, IMMINENTE PERICULO COMMOTUS, *donat* UT REDDATUR SIBI RES, *si donator convaluerit*, et celui où quelqu'un *tempus dubium timens amico... mancipet*, UT EI, CUM TEMPUS QUOD SUSPECTUM EST PRAETERIERIT,

(1) Ces textes interpolés, découverts jusqu'à ce jour, sont : *D.*, 12, 4, *de condictione causa data causa non secuta*, 3, 2. 3; 5, pr. 1; 17, 1, *mandati vel contra*, 27, 1. 30; 23, 1, *de spons.*, 10; 39, 5, *de donat.*, 18, 1. Sur la recherche de ces textes interpolés, consulter : A. Favre, *Rationalia*, sur le tit. 12, 4; Gradenwitz, *Interpolationen*, p. 146-179; Lenel, *Z. S. St.*, 9, 1888, p. 181 et s; Pernice, *Labeo*, 3, 1, p. 262; Gradenwitz, *Z. S. St.*, 14, 1893, p. 121-125.

(2) Pernice, *Labeo*, 3, 1, p. 263. Pernice déclare, p. 264, que cette règle de la *revocatio*, appliquée à la donation à cause de mort, est propre à la construction juridique des jurisconsultes : peu importe, dit-il, si cette construction est juridiquement insuffisante. Au contraire, pour nous, la construction juridique romaine a consisté à remplacer la *mancipatio* par la *traditio* et à accorder une *condictio* là où on donnait une *actio fiduciae*. D'autre part, Pernice conclut que l'on doit voir dans la *revocatio* un effet de la volonté des parties (p. 265); que la révocation peut être en effet exclue; qu'elle n'apparaît pas dans toutes les *dationes ob rem*; qu'en conséquence, elle est une particularité de la donation à cause de mort; qu'elle provient de l'assimilation faite entre la *donatio mortis causa* et les disposi-

REDDAT (1). Dans les deux cas, il y a aliénation fiduciaire; dans les deux cas, le mancipant peut toujours redemander la chose mancipée.

La question qui, dans la voie que nous venons de tracer, présenterait pour nous quelque difficulté, n'est pas celle de savoir quelles furent les causes de ce droit de révocation, dans son application à la donation à cause de mort. Ce droit de révocation, ce *jus paenitendi*, n'est pas un droit particulier, substantiel d'une telle donation : et c'est pourquoi il sera possible d'y renoncer. Ce droit n'a pas de rapports directs avec la *causa mortis*. Il se présente dans toute *fiducia cum amico* : et c'est précisément pour la *fiducia* elle-même qu'il faudrait rechercher la raison d'être de ce *jus paenitendi*. Peut-être faut-il la découvrir dans ce fait que cette opération complexe, avec *mancipatio* ou *in jure cessio* et convention de rendre, a dû se présenter, comme du reste, l'opération voisine et analogue, comportant une tradition de *res nec mancipi* et une convention de rendre et que nous dénommons *mutuum*, primitivement réduite à ses éléments essentiels; qu'on put, il est vrai, lui adjoindre un terme et une condition; mais que, lorsque l'appréciation de la condition était remise à l'entière discrétion du mancipant, comme dans le cas de *fiducia cum amico*, rien n'empêchait de la part de ce mancipant la demande d'une restitution immédiate. Il ne faut, d'ailleurs, pas s'y tromper. Dans ces cas, ce que nous prendrions pour des conditions ne seraient que les motifs de l'aliénation fiduciaire, bien plutôt que des conditions véritables, dominant les volontés des deux parties et les maintenant inactives

tions de dernière volonté (p. 266); que, comme ces dernières, et peut-être avec exagération (p. 267), elle a été déclarée révocable. Une telle origine du droit de révocation de la donation à cause de mort ne nous semble pas pouvoir résister à la présente analyse des formes techniques de l'institution.

(1) Boèce, sur Cicéron, *Topica*, 10, 41.

dans l'attente de la vérification d'un évènement futur. C'est ainsi que l'individu, *tempus dubium timens*, a motivé son aliénation fiduciaire en exigeant que la chose lui soit rendue *cum tempus quod suspectum est praeterierit*; il n'y a là ni véritable terme, ni véritable condition; le mancipant s'est réservé le droit d'apprécier si le danger était passé. De même, le *si donator convaluerit* de la donation à cause de mort ne saurait être considéré comme une véritable condition; il motive la donation; mais le retour à la santé ne peut être laissé qu'à l'appréciation du mancipant malade.

Il ne peut donc y avoir qu'un terme à l'exercice de ce droit de révocation, s'il ne lui est pas apporté de restrictions expresses par l'adjonction de véritables conditions au pacte de fiducie. Ce terme, c'est le décès du donateur : il est alors certain qu'il n'a pas échappé au danger, qu'il n'a pas recouvré la santé : la donation ne pourra donc plus être révoquée : aussi dira-t-on que la donation à cause de mort est subordonnée au prédécès du donateur : on en fera le caractère principal et essentiel de cette libéralité (1). Mais, par contre, jusqu'à son décès, le donateur peut toujours exercer son droit de révocation, demander l'exécution de la convention de rendre.

4. — Il n'en sera différemment que par l'adjonction de véritables conditions au pacte de fiducie. Le *pactum fiduciae* peut, en effet, comporter une condition, qui puisse paralyser les effets normaux de la convention de rendre. C'est ainsi comprise qu'on peut parler de la renonciation au droit de révocation. Nous en avons un exemple, ce semble, dans le fr. 42, *pr.* de Papinien, *D.*, *h. t.*, 39, 6 : il est convenu que la nue-propriété

(1) Paulus, *Sentent.*, 3, 7, *de m. c. donat.*, 2 : « *donatio mortis causa*... MORTE *enim tantummodo convalescit* ».

ne reviendra à la donatrice que si Titius meurt avant elle : c'est, de la part de la donatrice, indiquer de manière certaine la renonciation à exercer la clause de retour à une époque antérieure à la mort de Titius. La donatrice ne s'est pas contentée de manciper des biens à Titius *mortis causa;* elle a prévu elle-même que le retour de ces biens n'aurait lieu à son profit que si *Titius ante ipsam vita decessisset.* Le fr. 42 de Papinien nous donne un exemple. La question ne pouvait faire de difficulté. Il y a adjonction d'une condition au pacte de fiducie, qui paralyse les effets de ce pacte jusqu'à la vérification de l'événement futur, ici le décès de Titius avant celui de la donatrice.

On pouvait seulement se demander si l'adjonction de cette condition n'enlevait pas à la donation son caractère de donation à cause de mort. Car, ne l'oublions pas, primitivement la donation est faite *mortis causa* en ce sens qu'elle est faite avec convention de rendre si le donateur recouvre la santé ou échappe au danger; la convention de rendre cesse de produire effet, si le donateur a succombé. C'est en cela que consiste la *causa mortis.* Or, ici, il ne s'agit plus pour le donateur d'échapper à un danger et, en conséquence, pour le donataire de ne plus être obligé de rendre si le donateur a succombé. Il s'agit seulement, pour les héritiers du donataire, d'exécuter une convention de rendre, subordonnée au cas où le donataire mourrait avant le donateur : il n'est pas question d'une mancipation fiduciaire motivée par un péril encouru par le donateur. C'est pourquoi le fr. 42, *pr.* de Papinien vise le cas où *Seia bonis suis donationis causa cessisset,* et n'indique nullement dans l'énoncé de l'espèce les termes attendus *mortis causa.* Il y a, en réalité, une mancipation fiduciaire; mais le *pactum fiduciae* est subordonné à la condition *si Titius ante ipsam vita decessisset.* Ce n'est pas la *causa mortis* de la *mortis causa capio.*

Cependant plus tard, progressivement sans doute (1), en tout cas de manière certaine sous Justinien, de pareilles hypothèses rentreront dans les données élargies de la donation *mortis causa*. Ajoutant à un texte du jurisconsulte Julien par exemple, les compilateurs décideront que la donation peut être faite de telle sorte que la chose ne soit rendue que si le donataire meurt le premier : *sic donari potest, ut non aliter reddatur, quam si prior ille qui acceperit decesserit* (2). La convention de

(1) Papinianus, *D.*, 39,6, *h. t.*, 42, *pr.* : « *Seia cum bonis suis*... DONATIONIS CAUSA *cessisset, et convenit, ut, si Titius ante ipsam vita decessisset... proprietas ad eam rediret... sed denegari non potest* MORTIS CAUSA FACTAM *videri...* ».

(2) Le texte, dont est tirée cette phrase, est des plus suspects. C'est le fr. 13, 1 au Digeste, 39, 6. Le *principium* est bien de Julien, *lib. 17 digestorum;* puis le paragraphe 1 commence par une note de Marcellus et continue: *nam et sic potest donari, ut omnimodo... nec si convaluerit quidem donator*. Tout ce long développement est reproduit intégralement dans le fr. 35, 4 de Paul, *lib. 6 ad legem Iuliam et Papiam*. Or, on peut se demander si ce développement est de Julien, ou de Marcellus, ou de Paul. Il est peu vraisemblable, d'après la contexture du texte, qu'il soit de Julien ; il ne s'agence guère avec le texte de Paul. Serait-ce la continuation de la note de Marcellus ou bien tout un développement, provenant de jurisconsultes de l'époque intermédiaire entre celle des jurisconsultes classiques et celle de la compilation justinienne, et reproduit par les compilateurs, avec glose, à deux endroits différents? En tout cas, même si le *nam et sic potest donari.... quam si prior ille qui accepit decesserit* appartient aux jurisconsultes classiques, la finale *sic quoque potest donari mortis causa, ut nullo casu sit repetitio, id est ne si convaluerit quidem donator* est une addition des compilateurs. En effet, les jurisconsultes considéraient deux sortes d'hypothèses. D'après la première, la donation à cause de mort peut être telle que la chose donnée ne doive pas être rendue de toutes façons après la mort du donateur survenue à la suite de la maladie qui a provoqué la donation (cf. p. 178, n. 1), et que cependant elle soit rendue, s'il y a eu de sa part révocation (*mutata voluntas*). La seconde hypothèse vise le cas où la chose donnée ne doit être rendue que si le donataire meurt le premier : cette condition exclut toute révocation : d'où la redondance des compilateurs, qui en fait ne signifie pas autre chose, *sic quoque potest... convaluerit quidem donator*.

Le travail des compilateurs donne lieu aux observations suivantes : — le texte comporte deux hypothèses (et non trois ou quatre, comme le veulent les auteurs), indiquées par les deux *et sic potest donari ut;* — le *sic quoque* est donc une redondance du *et sic donari potest, ut non aliter reddatur;* — la redondance est motivée par le caractère exceptionnel de la deuxième hypothèse,

rendre ne produira plus ses effets par la seule volonté arbitraire du donateur, seul juge de la question de savoir s'il a échappé au danger. Elle ne pourra produire effet qu'au cas de prédécès du donataire. Dès lors, l'espèce, prévue par le fr. 42, rentrera naturellement dans les cas de donations *mortis causa*. La condition *si prior ille qui acceperit decesserit* aura pour effet de suspendre l'exécution, autrement possible en tous temps, de la convention de rendre.

Il resterait toutefois à rechercher comment cette mancipation, avec pacte de fiducie fait sous la condition *si Titius ante ipsam vita decessisset*, a pu être considérée à partir d'un certain moment comme constituant une donation à cause de mort. La réponse est, à notre sens, la suivante. C'est que, dans une telle mancipation fiduciaire, il existait encore un effet qui lui était commun avec la mancipation fiduciaire *mortis causa* : c'est l'exécution de la convention de rendre provoquée par le pré-

contraire au principe primitif, rappelé par un fragment de Marcianus, *libro quinto regularum*, *D.*, 39, 6, *h. t.*, 27 : *ubi ita* DONATUR MORTIS CAUSA, UT NULLO CASU REVOCETUR, *causa donandi magis est quam mortis causa donatio*, et maintenu au fr. 27 par suite des données de révocabilité nécessaire des donations à cause de mort entre époux ; — les compilateurs, désireux de réserver le fr. 27 aux *donationes inter viros et uxores* et de répudier sa formule pour les autres donations *m. c.*, insistent particulièrement, d'une part, en déclarant *sic quoque potest donari mortis causa*, alors que le même texte indique les deux hypothèses par les termes *sic donari potest* sans les mots *mortis causa;* d'autre part, en reproduisant les termes mêmes du fr. 27, *donari mortis causa ut nullo casu* SIT REPETITIO ; — seul le mot *repetitio* est subtitué à *revocatio*, comme correspondant mieux à l'exercice, admis désormais dans ce cas, d'une *condictio* ; — enfin l'exemple donné *id est ne si convaluerit quidem donator* se rapporte au motif normal et originel de révocation.

Ainsi, de manière certaine, le premier cas, qui admet la restitution à tout moment, est le cas originel ; le second, qui n'exige la restitution qu'au cas de prédécès du donataire (ex., fr. 42, *pr.*), est exceptionnel et de formation postérieure. Marcien continue à l'exclure pour les donations entre époux. L'excluait-il pour les autres cas de donations *m. c.* ? il est difficile de l'admettre en présence du langage de ses prédécesseurs, Marcellus, fr. 13, 1 (ou Paul, fr. 35, 4), et Papinien (fr. 42, *pr.*) : si toutefois le développement, attribué à Marcellus, n'est pas d'époque postérieure.

décès du donataire. La donation peut avoir lieu *in extremis vitae:* cependant, si elle est faite *sine ulla condicione redhibendi*, c'est-à-dire si elle est faite sans que lui soit adjointe une convention de rendre, je ne dis pas même pour le cas où le donateur échapperait au danger, mais encore, pour le cas où ce donateur survivrait au donataire, il n'est pas là de donation à cause de mort. Il y a donation entre vifs; le donateur paraît *non tam mortis causa quam morientem donare* (Papinianus, *D.*, 39, 6, *h. t.*, 42, 1). Mais, si à la donation est jointe une convention de rendre au cas de prédécès du donataire, cela suffira, dans le droit de Justinien, à considérer cette donation comme une *donatio mortis causa;* et cela vient, disons-nous, de la survivance, jugée désormais suffisante, dans ce cas, d'un des effets normaux de la mancipation fiduciaire *mortis causa* primitive.

5. — En effet, l'un des effets principaux et naturels de cette mancipation fiduciaire *mortis causa* est de provoquer l'exercice de l'action en exécution de la convention de rendre, au cas de prédécès du donataire. Comme en ce qui concerne le droit de révocation, je dirai encore que cette conséquence ne dérive pas, à proprement parler, de l'institution de la donation à cause de mort; qu'elle en est moins une des particularités qu'une conséquence régulière de la *fiducia cum amico.* Comme la tutelle, le mandat, le dépôt et la société, que nous aurons encore occasion de rapprocher d'elle, la fiducie est un contrat de confiance personnelle. Elle s'éteint, en principe, par la mort du *fiduciae dans* ou de l'*accipiens*. Elle s'éteint, disons-nous, par la mort de l'*accipiens;* le donateur à cause de mort aura alors l'*actio fiduciae* pour réclamer la chose donnée (1).

(1) Sur cette intransmissibilité de la fiducie, cf. déjà les développements consacrés par Pernice, *Labeo*, 1, p. 447-448 et 3, 1, p. 121. Je suis au regret de ne pouvoir m'étendre ici sur ce point; mais la conviction du lecteur

6. — Des textes que nous avons jusqu'à présent passés en revue, se dégagent nécessairement les principaux caractères de la *donatio mortis causa*, dus à la structure même de la mancipation fiduciaire *mortis causa*. Il est encore d'autres textes que nous pouvons lui rapporter. C'est ainsi qu'un texte du jurisconsulte Julien, *D.*, 39, 6, *h. t.*, 18, *pr.* indique que la *capio* à cause de mort, au lieu de dépendre du prédécès du donateur, peut être subordonnée à celui d'un tiers (1). Ainsi quelqu'un, dont le fils est gravement malade, peut donner *mortis causa* à Maevius *ea condicione ut, si convaluerit filius, reddatur sibi res*. Par contre, *si filius decesserit, res maneat apud Maevium*.

Ce texte a fait l'objet de nombreuses controverses (2) : elles tiennent à cette seule raison que les interprètes ont considéré l'institution de la donation à cause de mort comme une institution unitaire. Car, si l'on rapporte au contraire ce texte à l'aliénation fiduciaire, nous trouvons dans l'opération décrite une *mancipatio* ou une *in jure cessio*, puis un *pactum fiduciae*, une convention de rendre sous condition, à savoir si le fils du donateur recouvre la santé. Si ce fils n'échappe pas au danger, il n'y aura pas remancipation. C'est une aliénation fiduciaire : comme la convention de rendre a

ne pourra se faire entière que par les témoignages que nous apporterons, notamment en ce qui concerne le dépôt et le mandat.

(1) Iulianus, *lib. 60 digestorum*, *D.*, 39, 6, *h. t.*, 18, *pr.* : « *Mortis causa capimus non tunc solum, cum quis suae mortis causa nobis donat, sed et si* PROPTER ALTERIUS MORTEM *id faciat : veluti si quis filio vel fratre suo moriente donet Maevio ea condicione, ut, si convaluerit alteruter eorum, reddatur sibi res, si decesserit, maneat apud Maevium.*

(2) C'est ainsi que Savigny, *Traité de droit romain*, paragraphe 170, trad. Guénoux, 4, p. 246, prétend qu'une donation à cause de mort véritable ne peut pas être subordonnée aux prédécès d'un tiers. Pour lui, dans le texte précité, il n'est question que d'une donation entre vifs ordinaire, faite sous une condition spéciale. Et, pour le prétendre, il en donne pour raison qu'on ne pourrait, en pareille circonstance, appliquer la quarte Falcidie ou les règles concernant la capacité : alors qu'en réalité on ne voit pas de raison pour ne pas soumettre ces donations au calcul de la loi Falcidia.

lieu sous la condition *si filius convaluerit* et que la donation sera *perfecta, si filius decesserit*, il y a bien dans ce cas la *causa mortis* habituelle. Cette donation n'est étrange que parce qu'elle est faite en vue de la mort d'un tiers; mais elle suit, en somme, les mêmes règles et emprunte la même structure que la donation faite par le donateur en vue de sa mort. Après la mort de ce tiers avant le donataire, le donateur ne pourra plus réclamer la restitution de l'objet donné.

7. — Nous avons enfin à demander aux fragments qui nous ont été transmis, de nous révéler le nom de l'action, donnée au donateur pour réclamer la chose donnée, objet de l'aliénation fiduciaire. Il est vrai que cette action, nous la connaissons par quelques textes assez rares, étrangers à notre sujet : c'est l'*actio fiduciae*. Mais, comme la fiducie a disparu entièrement dans les compilations de Justinien, il nous faut précisément retrouver la trace de cette *actio fiduciae*, cachée sous des dénominations inexactes et imprécises, qui n'arrivent pas à dissimuler l'œuvre des compilateurs.

Nous en avons une preuve dans ce *judicium bonae fidei*, qui nous est rapporté par le fr. 42, *pr.*, *D.*, *h. t.*, 39, 6, où Papinien donnait sans aucun doute le *judicium fiduciae* à la donatrice pour exiger l'exécution de la convention de rendre, faite sous la condition *si Titius ante ipsam vita decessisset.*

Plusieurs fois, c'est sous la dénomination nouvelle de *condictio pretii* que les textes nous renseignent sur l'action, qui fut autrefois l'*actio fiduciae*. C'est ainsi qu'un passage de Julien, rapporté par Ulpien, *D.*, 39, 6, *h. t.*, 37, 1 déclare que si quelqu'un a vendu un esclave qui lui avait été donné *mortis causa* et cela du vivant du donateur, le donateur aura une *pretii condictio* : *si quis* SERVUM *mortis causa sibi* DONATUM VENDIDERIT *et hoc vivo donatore fecerit*, PRETII CONDICTIONEM *donator habebit, si convaluisset.* Se trouve encore en concordance avec ce passage un autre texte de Julien, le fr. 19 au même titre, *D.*, 39, 6, où, après avoir indiqué une première espèce, le jurisconsulte ajoute : *nec huic similis est is, qui rem, quam mortis causa acceperat,* ALII *porro* DEDERIT : *nam donator huic non rem, sed* PRETIUM EIUS CONDICERET. Nous pouvons encore citer, comme donnant la même solution, un texte de Paul, *D.*, 39, 6, *h. t.*, 39, qui suppose que le donataire a affranchi l'esclave donné : *tenetur* CONDICTIONE IN PRETIUM SERVI, *quoniam scit posse sibi condici, si convaluerit donator* (1). Tous ces textes se rapportent en réalité au même cas. Le donataire a vendu ou a transféré ou a affranchi l'esclave donné. Le donateur exerce son droit de révocation, exige l'exécution de la convention de rendre conclue avec le donataire. Il aura, disent les textes, une *condictio in pretium servi*, une *condictio pretii.* Il avait primitivement, disons-nous, l'exercice de l'*actio fiduciae.* Ce qui revient à dire que, pour nous, ou bien les textes précédents sont interpolés par les compilateurs, ou bien les jurisconsultes de l'époque classique ont déjà su adapter les solutions données pour le cas d'aliénation fiduciaire au nouveau contrat innommé de *donatio mortis causa*, qui coexistera avec cette aliénation fiduciaire *mortis causa*, jusqu'au jour où il se substituera définitivement à elle ; ou bien encore, cette adaptation a été l'œuvre de jurisconsultes, postérieurs aux jurisconsultes

(1) Il faut rapprocher de ce texte un autre fragment de Paul, tiré du même livre 17 *ad Plautium*, *D.*, 12, 6, *de condictione indebiti*, 65, 8 : « *si servum indebitum tibi dedi eumque manumisisti, si sciens hoc fecisti* TENEBERIS AD PRETIUM EIUS, *si nesciens non teneberis,* < *sed propter operas eius liberti et ut hereditatem eius restituas* > . La finale entre crochets est rapportée par Pernice comme étant l'œuvre des compilateurs de Justinien. Pour nous, le *ad pretium eius* est peut-être le résultat d'une interpolation ; le texte primitif portait sans doute : *teneberis condictione.* Il y eut, sans doute, extension au cas de dette de restitution née de l'*indebitum* de règles applicables à tous les autres cas de dettes de restitution nées de *dationes ut restituas.* Ce sont là des probabilités. Car ce texte ne sera réellement compris qu'après une étude plus approfondie de la *datio indebiti.*

classiques, qui l'ont faite au moment de la disparition de l'aliénation fiduciaire (1).

L'interpolation des compilateurs ou le travail d'adaptation des jurisconsultes nous semblent, d'ailleurs, aisés à prouver. Les trois textes précités supposent, en effet, une aliénation, par le donataire, de la chose donnée. Or, par exemple, pour que le donataire ait pu vendre, sans qu'il puisse être question d'action en revendication du donateur demeuré propriétaire contre l'acquéreur, il faut que ce donataire soit devenu propriétaire. Normalement, puisqu'il s'agit ici de la vente d'un esclave, il faut supposer qu'on s'est servi de la mancipation. Nous rentrons dans l'hypothèse indiquée par Julien, où le donateur *ita donat, ut statim fiat accipientis*. Seule-

(1) Cette remarque est, à mon sens, des plus importantes. Car, il ne faut pas s'y tromper. Des solutions qui, en considération d'institutions antérieures, nous semblent avoir été remaniées dans les textes du Digeste, il en est de trois sortes : 1° les unes ont été données par les jurisconsultes de l'époque classique eux-mêmes. Ils ont conservé les données de l'espèce, qu'ils avaient trouvées dans les écrits antérieurs ; mais, adaptant les textes anciens au développement juridique de leur époque, ils ont donné des solutions nouvelles ; — 2° d'autres fois, les solutions nouvelles, qui nous sont transmises par les textes du Digeste, ne sont ni l'œuvre des jurisconsultes classiques, ni celle des compilateurs. L'espèce proposée a été conservée ; mais le changement de solution a eu lieu à une époque intermédiaire entre la période des jurisconsultes classiques et l'époque de la compilation justinienne. Ce sont des jurisconsultes de cette époque intermédiaire, dont les noms ne nous sont pas parvenus, qui ont su adapter les textes des écrits des jurisconsultes classiques au droit de leur temps. De là vient, entre autres exemples, cette diversité de noms donnés à des actions (notamment : *bonae fidei iudicium, D.* 39, 6, *h. t.*, 42, *pr.*; *utilis actio*, *D.*, *h. t.*, 30), alors qu'une seule dénomination serait sans doute venue à l'esprit des compilateurs, à savoir l'*id est praescriptis verbis*; — 3° enfin, de nouvelles solutions ont été apportées par les compilateurs de Justinien, qui ont adapté les ouvrages des jurisconsultes, dont ils avaient connaissance, au droit de leur temps, c'est-à-dire en les mettant en conformité avec les dernières innovations et les dernières réformes accomplies. — Ainsi, si l'on veut parler d'interpolations, il ne faut pas oublier que, par rapport à une espèce demeurée identique, il peut en être de trois sortes. C'est pour l'avoir oublié qu'on a parfois donné à l'œuvre d'adaptation des compilateurs une portée plus grande qu'elle n'en a parfois eue. Nous aurons, plusieurs fois, l'occasion de revenir sur cette question de méthode.

ment une convention de rendre, *pactum fiduciae*, est intervenue. La vente de l'esclave ne peut pas empêcher l'exercice de l'action, qui résulte de ce pacte et qui, possible en tous temps, constitue, en fait, un droit de révocation. Puisque la vente ou l'affranchissement ou la dation ont eu lieu à l'encontre de cette convention de rendre, du *pactum fiduciae*, le donateur a contre le donataire l'*actio fiduciae*, action personnelle en retranslation de la chose donnée, portant, pour le cas où cette retranslation n'a pas lieu ou ne peut pas avoir lieu, une condamnation au *quanti ea res erit*.

C'est cette *actio fiduciae* que les jurisconsultes ou les compilateurs ont traduite, dans ces cas particuliers, en une *condictio pretii*. En effet, au temps où la fiducie a disparu, l'opération de la *donatio mortis causa* était aussi interprétée, nous le verrons, en un contrat innommé répondant à la combinaison *do ut facias*. Mais, en présence de cette nouvelle forme, on a maintenu les effets de ce droit de révocation, qui résultait normalement de l'aliénation fiduciaire. Pourtant, pour permettre à l'aliénateur de demander la retranslation de la chose aliénée à tout moment, quelle action substituer à l'*actio fiduciae*? Il ne s'agissait pas de donner dans ce cas une *actio in factum*; car on ne demande pas l'exécution d'une contre-prestation. Il ne pourra pas être question, dans le droit de Justinien, d'une action *praescriptis verbis*. Ce n'est pas l'exécution d'une contre-prestation qu'on réclame; l'aliénateur, selon les anciennes règles de la fiducie, demande la retranslation de la chose donnée. C'est ce résultat que les jurisconsultes attendaient, quand il s'agissait d'un transfert par tradition, de l'action fondée essentiellement sur l'idée d'enrichissement injuste, c'est-à-dire de la *condictio*. Cette *condictio* ne sera pas d'ailleurs, constatons-le, une *condictio* donnée en vue de demander la restitution de sa prestation, faite sans cause par suite de la non exécution de la contre-prestation. Ce n'est pas une *condictio ob rem dati*. C'est une *condictio*, dont les effets seront calqués sur l'*actio fiduciae*, et qui a pour but de réclamer la prestation déjà faite en dehors de toute question de contre-prestation possible. Les textes l'appelleront parfois *condictio ex paenitentia*. Elle servira à réaliser, à un moment où la fiducie a disparu, ce droit de révocation qui est, non pas une particularité, mais une conséquence normale du *pactum fiduciae*. C'est de cette *condictio ex paenitentia* que nos trois textes nous fournissent de nouveaux exemples : et nous aurons plus tard à dire pourquoi ils la présentent comme étant ici une *condictio pretii*.

Au surplus, la substitution, à la mancipation fiduciaire *mortis causa*, d'un contrat innommé répondant à la combinaison *do ut facias*, trouve sa consécration, au point de vue de la sanction, dans le fr. 30 d'Ulpien, *D.*, *h. t.*, 39, 6, ainsi formulé : *qui mortis causa donavit, ipse* EX PAENITENTIA CONDICTIONEM VEL UTILEM ACTIONEM *habet*. Ce texte a fait l'objet de nombreuses controverses; on a voulu voir, notamment, dans cette *utilis actio* une *vindicatio utilis* (1). L'interprétation à admettre est cependant tout autre. Ce texte nous indique seulement, conformément aux exemples que nous avons donnés, les deux actions qui ont remplacé, dans sa fonction primitive, l'*actio fiduciae* unique.

(1) Le fr. 30 a donné lieu à diverses interprétations. — 1° Pour Savigny, *Traité de droit romain*, 4, p. 259, § 171, Keller, *Pandekten* et Bufnoir *Condition*, p. 488, l'*actio utilis* du fr. 30 est l'action *praescriptis verbis*. Ceci, dit-on, n'est pas possible; car cette action ne saurait être qualifiée d'*utilis* : remarque inexacte; — 2° La grande majorité des auteurs pense qu'il s'agit d'une *actio in rem utilis*, d'une *vindicatio utilis*. Cf. Pothier, *Pandect. Justin.*, à propos du fragment, *D.*, 39, 6, *h. t.*, et entre autres Mancaleoni, *Contributo alla storia e alla teoria della rei vindicatio utilis*, p. 29-31 ; — 3° Pour M. Appleton, *Propriété prétorienne*, 2, p. 152, cette *actio utilis in rem* serait vraisemblablement l'*actio Publiciana*. — Pour Pernice, *Labeo*, 3, 1, p. 267, n. 4, il s'agirait d'une *vindicatio utilis*; et le fr. 30, en entier, serait l'œuvre des compilateurs, qui en auraient fait une introduction au fr. 31.

L'*actio fiduciae*, en disparaissant, n'a pu en effet laisser place, pour que ses effets pussent être réalisés, qu'à deux actions différentes et non à une seule. Dans les cas où le donateur intentait primitivement l'*actio fiduciae* à tout moment avant le prédécès du donataire, exerçant ainsi un droit de révocation, conséquence normale de l'aliénation fiduciaire, le donateur intentera désormais, en conformité avec la nouvelle combinaison juridique, cette *condictio ex paenitentia*, dont nous avons retrouvé des exemples. Au contraire, dans le cas où primitivement le donataire intentait l'*actio fiduciae* pour exiger la retranslation de la chose donnée dans le cas de prédécès du donataire, cas normal et définitif d'exécution de la convention de rendre : le donateur intentera désormais l'action qui sanctionne la combinaison *do ut facias*, l'action qui sanctionne la convention de faire, c'est-à-dire ici cette convention de rendre qui n'est rendue, d'ailleurs, susceptible d'exécution que par ce prédécès du donataire. Cette action, le fr. 42, *pr.* du titre *de mortis causa donationibus* la désigne sous le nom de *bonae fidei judicium;* le fr. 30 la désigne sous le nom d'*utilis actio*. C'est, à n'en pas douter, l'action que, dans le droit de Justinien, on dénomme communément action *praescriptis verbis :* UTILIS ACTIO QUAE PRAESCRIPTIS VERBIS *rem gestam demonstrat*, comme dit un texte du Code (1).

A l'*actio fiduciae* unique, seule indiquée dans le texte primitif d'Ulpien, se sont donc substituées, pour en réaliser les effets, d'une part la *condictio ex paenitentia*, de l'autre une *utilis actio*, *id est praescriptis verbis*.

(1) Ce texte, qui est relatif à la transaction (Pernice, *Labeo*, 3, 1, p. 91, n. 4), est rapporté au Code, avec une finale peut-être interpolée, dans les termes suivants, *C.*, 2, 4, *de transactionibus*, 6, 1 (a. 230) : « *Verum si fides placitis praestita non est, in id quod interest diversam partem recte convenietis : aut enim, si stipulatio conventioni subdita est, ex stipulatu actio competit, aut, si omissa verborum obligatio est*, UTILIS ACTIO, QUAE PRAESCRIPTIS VERBIS REM GESTAM DEMONSTRAT, *danda est* ».

8. — Nous pouvons enfin citer un dernier texte, qui se rapporte à la mancipation fiduciaire *mortis causa*. C'est le fr. 19, du jurisconsulte Julien, *D.*, *h. t.*, 39, 6. Dans ce passage déjà cité, plusieurs hypothèses sont envisagées. Or, l'une d'elles, exposée au début du fragment, prévoit le cas où une chose a été transférée à un fils de famille *mortis causa*. Le donateur a guéri; il réclame la chose; il aura, dit le texte, *actionem de peculio cum patre* (1). Il s'agit ici, à notre sens, de l'*actio fiduciae* donnée *de peculio* contre le père. Nous voisinons dans ce cas avec les hypothèses visées par Ulpien, *D.*, 15, 1, *de peculio*, 36.

Et, rapportée de même à la fiducie, la seconde hypothèse, envisagée par ce même fragment 19, se comprend aussi aisément. Un *paterfamilias* a reçu par mancipation une donation *mortis causa*; il s'est donné ensuite en adoption. RES IPSA A DONATORE REPETITUR, dit le texte (2). Le donateur pourra réclamer la chose elle-même. La question pouvait, en effet, présenter quelque difficulté. Comme effets normaux de l'adrogation, nous savons que l'adrogé est considéré après l'adrogation comme s'il était, déjà dans le passé, le *filius familias* de l'adrogeant. Ainsi, l'action *de peculio* est donnée aux créanciers de l'adrogé antérieurs à l'adrogation contre l'adrogeant, comme si l'adrogé avait eu dans le passé ses biens à titre de pécule (3). Il est cependant une catégorie

(1) Iulianus, *lib. 80 digestorum*, *D.*, 39, 6, *h. t.*, 19 : *si filio familias res mortis causa data fuerit et convaluisset, donator* ACTIONEM DE PECULIO *cum patre habet*... — La suite du texte se rapporte, en effet, à la fiducie.

(2) Iulianus, *D.*, 39, 6, *h. t.*, 19 : *at si pater familias, cum mortis causa donationem accepisset, in adoptionem se dederit*, RES IPSA A DONATORE REPETITUR.

(3) Ulpien, *D.*, 15, 1, *de peculio*, 42 : IN ADROGATOREM DE PECULIO ACTIONEM *dandam quidam recte putant, quamvis Sabinus et Cassius ex ante gesto de peculio actionem non esse dandam existimant*. V. Desserteaux, *Études sur les effets de l'adrogation*, 1892, p. 46 s. C'est l'opinion des Proculiens, adoptée par Ulpien, qui l'emportait. L'opinion des Sabiniens, qui refusaient l'action *de peculio* pour les dettes contractées par l'adrogé antérieurement à l'adrogation, fut abandonnée. Cependant, pour M. Desserteaux, p. 47, un autre texte reflète cette dernière doctrine : ce serait précisément

de dettes contractuelles, qui fait exception au principe. Ce sont celles qui sont sanctionnées par les actions *pro socio, mandati, depositi, tutelae* et qui constituent, avec l'*actio fiduciae*, un groupe particulier, celui des actions infamantes et de bonne foi. Nous avons des textes qui prouvent que, contrairement au principe général, les dettes nées des contrats de société, de mandat, de dépôt et de tutelle ne s'éteignent pas par la *capitis deminutio minima* (1). Il est vraisemblable, dit-on (2), que la fiducie obéissait aux mêmes règles que les actions de son groupe. Or, le fr. 19 nous fournit la preuve formelle de cette vraisemblance, devenant ainsi certitude. Il n'y a pas lieu à *actio de peculio. Res ipsa a donatore repetitur* : et elle l'est, au temps de Julien, par l'*actio fiduciae.*

9. — Ainsi, de l'aliénation fiduciaire réalisant une donation à cause de mort, se sont dégagées normalement, comme nous venons de le montrer, les règles suivantes :

1° le donateur a le droit de révocation ; il peut réclamer en tout temps l'exécution de la convention de rendre ;

2° la chose donnée, objet de l'aliénation fiduciaire, cesse de pouvoir être réclamée à partir du décès du donateur ; la convention de rendre ne vaut plus et ne

le fr. 19 du jurisconsulte Julien, qui était de l'école Sabinienne. Le fr. 19 décide que, si la donation à cause de mort a été faite à un *paterfamilias*, qui se donne ensuite en adrogation, le donateur qui veut agir pour reprendre le bien donné n'a pas l'action *de peculio*. C'est, dit-on, la pure doctrine Sabinienne. Or, à mon sens, ce texte ne prouve aucunement que Julien ait admis l'opinion de Sabinus et de Cassius. Ce ne serait pas la seule fois que le jurisconsulte se sera nettement séparé des doctrines de ses devanciers. En tout cas, le fr. 19 vise, je le crois, une espèce particulière. Il témoigne que les dettes nées de la fiducie ne s'éteignent pas par la *capitis deminutio minima*.

(1) En ce sens, Ulpien, *D.*, 17, 2, *pro socio*, 58, 2 *in fine* ; Paul, *D.*, 17, 1, *mandati vel contra*, 61 ; Paul, *D.*, 16, 3, *depositi vel contra*, 21, *pr.* ; Paul, *D.*, 27, 3, *de tutelae et ration.*, 4, 1 ; Ulpien, *D.*, 27, 3, *h. t.*, 11. Ces divers textes donnent ainsi l'action née du contrat contre l'émancipé ; cette action ne s'éteint pas par la *capitis deminutio minima*.

(2) Desserteaux, *op. cit.*, p. 122.

produit plus effet, dès qu'il est certain par la mort du donateur que celui-ci n'a pas échappé au danger de mort et que cette espérance d'échapper au péril, qui motivait le *pactum fiduciae*, n'existe plus ;

3° la chose donnée peut être réclamée après le prédécès du donataire, par suite de l'intransmissibilité de l'aliénation fiduciaire *cum amico ;*

4° le *pactum fiduciae mortis causa* est prévu normalement pour le cas primitif *si donator convaluerit.*

C'est, à notre sens, sur cet acte d'aliénation fiduciaire *mortis causa*, que s'est formée la théorie de la donation à cause de mort en droit romain. Nous aurions désormais à rechercher quelles furent celles d'entre ces règles qui survécurent à la fiducie elle-même et comment elles s'adaptèrent à une technique nouvelle.

FÉLIX SENN.

LA FORME LA PLUS RÉCENTE

DE LA

DONATIO MORTIS CAUSA

**Le pacte légitime de donation et le pacte contraire, « si donator convaluerit ».
Cas d'application de l'action réelle.**

Aux différentes formes que la donation à cause de mort revêt à l'époque impériale, nous devons ajouter une dernière, qui présente un intérêt particulier. Car c'est d'elle que dépend cette nouvelle action, donnée dans certains cas au donateur en résolution de la donation, l'action réelle.

1. — C'est une importante question que celle de savoir si la propriété peut revenir de plein droit à l'aliénateur à l'arrivée d'une condition. La question se pose, non seulement pour le cas de donation à cause de mort, mais encore au cas de clauses de résolution de la vente ainsi que dans de nombreuses autres hypothèses, sur lesquelles jusqu'à présent les commentateurs n'ont pas attiré l'attention. Il semble être, de plus en plus, de coutume de déclarer que c'est seulement sous Justinien qu'on a admis que la propriété pouvait revenir de plein droit à l'aliénateur à l'arrivée de la condition résolutoire. On va même jusqu'à traduire cette affirmation en une formule : au temps de Dioclétien, dit-on, et jusqu'à Justinien, *proprietas ad tempus transferri nequit;* à partir de Justinien au contraire, la propriété peut être transférée à temps.

Et cette formule, on la dégage abusivement d'une constitution de Dioclétien de l'an 286, rapportée dans sa version authentique par les Fragments du Vatican, § 283. Il y est question d'une donation de fonds provinciaux. L'espèce est rapportée de cette manière : *si [praediorum] stipendiariorum proprietatem dono dedisti ita, ut post mortem ejus qui accepit ad te rediret.* Et la solution donnée par l'empereur est la suivante : *donatio inrita est, cum ad [tempus] proprietas transferri nequiverit.* Pourquoi, dit-on, la donation est-elle, dans ce cas, déclarée nulle? parce que la propriété ne peut pas être alors transférée. Et comme sous Justinien, la même constitution, manifestement interpolée, donne une solution différente (*donatio valet, cum etiam ad tempus certum vel incertum ea fieri potest*), c'est, dit-on, que sous cet empereur, la propriété peut être désormais transférée à temps, c'est-à-dire qu'elle revient désormais de plein droit à l'aliénateur à l'arrivée de la condition, au moyen d'une action réelle. Et cette interprétation, donnée à propos de la donation à cause de mort, est étendue, avec la même portée, par exemple aux cas de clauses de retour dans la vente.

Nous avons dit ailleurs, ce qu'il en est de la véritable interprétation de la constitution de Dioclétien de l'an 286. Il nous suffira ici de déclarer que cette constitution, même dans sa version interpolée, demeure complètement étrangère à la question de savoir si le donateur peut demander l'exécution de la clause de retour au moyen d'une action réelle. Bien plus, le soi-disant principe *proprietas ad tempus transferri nequit* est un faux principe ; ce n'est qu'une construction fantaisiste des interprètes du XIXe siècle.

Contrairement à ce qui est le plus souvent admis, nous dirons :

1° que la propriété peut être transférée à temps. L'aliénation fiduciaire en est un premier exemple; le *do ut reddas*, avec sa portée d'abord restreinte, en est un second;

2° que l'adage latin *proprietas ad tempus transferri nequit* n'existe pas comme tel. Le mot *proprietas*, dans la constitution de Dioclétien, désigne la nue-propriété. Dans l'espèce, le donateur a voulu user de l'aliénation fiduciaire; il a voulu transférer la nue-propriété avec pacte de retour; mais, comme il s'agissait de fonds provinciaux, l'aliénation fiduciaire n'est pas valable. Tandis qu'au cas d'aliénation fiduciaire la propriété peut être transférée à temps, dans l'espèce, au cas de tradition, il ne peut pas y avoir fiducie.

Il est vrai que la clause de retour pourrait du moins valoir, dans certains cas, comme un élément d'un contrat innommé *do ut facias, do ut reddas*. Mais ce ne peut pas être le cas dans l'espèce. D'une part, la clause de retour empêche une pareille donation, qui cesse ainsi d'être *vera* et *absoluta*, de fournir, comme telle, une *justa causa* à la tradition. D'autre part, la clause de retour, jointe à la donation, ne pourrait ici servir de *justa causa* à la tradition que si elle était fondée sur la *causa mortis*. Or, la clause de retour doit, d'après les données de l'espèce, être exécutée dans tous les cas après la mort de l'*accipiens*. Elle n'est donc pas fondée sur la *causa mortis* du donateur; bien plus, elle est conçue *post mortem accipientis*. Dans ces conditions, la tradition ne peut pas transférer la propriété. Aussi *donatio inrita est, cum ad tempus proprietas transferri nequiverit;*

3° que la sanction donnée par la constitution, dans sa version interpolée sous Justinien (1), à un moment où une pareille donation, conçue comme donation *sub lege*, est désormais valable, ne serait pas, si elle était exprimée,

(1) *Cod. Just.*, 8, 54 (55), *de donat. quae sub mod.*, 2 : *si praediorum proprietatem dono dedisti ita, ut post mortem ejus qui accepit ad te rediret, donatio valet, cum etiam ad tempus certum vel incertum ea fieri potest, lege scilicet quae ei imposita est conservanda.* Pour une explication plus approfondie, cf. Senn, dans *Études* P. F. Girard, 1, p. 296 et s

une action réelle. Ce serait l'action *praescriptis verbis*, semblable à celle que donne, dans un cas analogue, le fr. 42, *pr.*, *D.*, *de m. c. donat.*, 39, 6.

Le droit pour l'aliénateur d'intenter une action réelle pour réclamer la chose donnée à l'arrivée de la condition, n'est donc pas indiqué, à notre sens, par cette constitution, même interpolée, de Dioclétien.

2. — Il est indiqué par d'autres textes, qui se rapportent à une autre espèce, d'ailleurs particulière.

Au surplus, ne mêlons pas ici les textes relatifs à la donation *mortis causa* avec ceux qui se réfèrent aux diverses clauses résolutoires dans la vente. Si tous ces textes se réunissent pour étayer une théorie juridique commune, la théorie des pactes contraires sous condition, ils sont cependant d'âges différents. A l'époque des jurisconsultes classiques, l'action réelle sera donnée dans certains cas au vendeur qui aura vendu avec clause.

Pour que le donateur ait l'action réelle pour réclamer au donataire la chose donnée, il faut que deux conditions soient remplies. Il faut, en premier lieu, qu'il y ait eu convention de donation. Or, la convention de donation n'a été reconnue, n'est devenue un pacte légitime que sous Justinien. On discute sur le point de savoir si une constitution de l'empereur Antonin le Pieux aurait décidé que les donations entre ascendants et descendants seraient valables par le seul échange des consentements. Quoi qu'il en soit de ce point, il est reconnu que Justinien décida qu'entre toutes personnes, la simple convention de donation, écrite ou non écrite, engendrerait désormais par elle-même des obligations (1).

Pour que le donateur ait l'action réelle, il faut en second lieu qu'à cette convention de donation vienne s'opposer un pacte contraire sous condition. Ainsi, il a été con-

(1) *Cod. Just.*, 8, 53 (54), *de donationibus*, 35, 5 *b*.

venu entre les parties que telle personne donnerait telle chose déterminée à une autre. Puis, toutes choses demeurant entières, *rebus adhuc integris*, il est convenu entre les mêmes parties que la chose n'est pas donnée, qu'elle doit être rendue. Il y a là un de ces pactes contraires, dont l'importance n'est pas soupçonnée et sur lesquels nous aurons à nous expliquer longuement. Ce pacte, contraire à une autre convention, détruit celle-ci. Il y a là *contrarius consensus, contraria voluntas*. La première convention est détruite; les parties sont remises dans leur état antérieur. Mais ici, au cas de donation *mortis causa*, le pacte contraire (que la chose ne soit pas donnée, que la chose soit rendue) ne produira pas de suite ses effets destructeurs. Les effets de cette convention contraire sont, en effet, paralysés par une condition : *si donator convaluisset vel de praelio vel peregre redisset*. Le pacte contraire est en suspens; ses effets sont paralysés, l'avenir devant décider si le donateur a recouvré la santé, ou bien a échappé aux périls du combat, ou bien est revenu de l'étranger. Dès lors, la première convention, celle de donner, n'est pas détruite. Elle peut être exécutée. Exécutée, elle produira ses effets normaux. Mais, que la condition se réalise, que le donateur recouvre la santé, qu'il échappe aux dangers de la guerre : le pacte contraire produira désormais ses effets. Il n'en sera pas autrement, dans tous les autres cas de *contrarius consensus*, de *contraria voluntas*. Les parties, donateur et donataire, seront remises dans leur état antérieur; les charges tomberont; le donateur aura l'action réelle pour réclamer la chose donnée.

Tel est le cas où le donateur a l'action réelle pour réclamer la chose donnée, en exécution de la résolution de la donation. Il suppose un pacte contraire conditionnel, fait avant toute exécution d'une convention de donation. Or, comme cette convention n'a été reconnue que sous Justinien, il va sans dire que les textes qui mentionneront ce cas particulier, d'où résultera l'action réelle, seront interpolés.

3. — Il en est ainsi, par exemple, d'un fragment d'Ulpien, *lib. 17 ad edictum*, *D.*, 39, 6, *h. t.*, 29. Ce texte a déjà fait l'objet de nombreux commentaires; mais ils ne nous sont que de faible secours. Car le texte s'explique, selon les données précédentes, de la manière suivante.

Dans le cas de l'espèce prévue en premier lieu par le fragment, il s'agit d'une tradition conditionnelle; tant que la condition ne s'est pas réalisée, que mort ne s'en est pas suivie pour le donateur, celui-ci peut revendiquer la chose donnée; dans ce cas, les principes généraux s'appliquent; il n'y a pas interpolation.

Il en est différemment dans la suite du fragment, qui seule nous intéresse en ce moment. Elle propose l'espèce suivante : *si vero sic, ut jam nunc haberet, redderet, si convaluisset vel de proelio vel peregre redisset, potest defendi in rem competere donatori, si quid horum contigisset, interim autem ei cui donatum est.* Dans cette action *in rem* donnée par le texte, on reconnaît d'ordinaire ou bien l'action Publicienne, ou bien, de manière plus fréquente, une *vindicatio utilis* (1). Or, à notre sens, il s'agit bien ici d'une action réelle directe. En voici les raisons.

Dans l'espèce proposée, il y a eu à la fois convention de donation et convention contraire de rendre. Les termes mêmes *sic ut jam nunc haberet redderet* le prouvent. Les mots *haberet* et *redderet*, bizarrement agencés, supposent deux conventions : la clause de retour ne peut résulter que d'une convention; il n'en est pas autrement du *ut haberet*. Il y a convention de donation et convention contraire : la convention de donation devrait donc tomber. Mais la convention contraire est sous condition,

(1) Pour l'action Publicienne : cf. Appleton, *Propriété prétorienne*, 2, p. 143 s.; pour la *vindicatio utilis*, cf. en dernier lieu Collinet, *Études sur le droit de Justinien*, 1, p. 177.

si convaluisset vel de proelio vel peregre redisset; ses effets sont donc paralysés. Mais, que la condition se réalise, que par exemple le donateur survive au danger, le pacte contraire produira ses effets; il y a *contraria voluntas, contrarius consensus :* le donateur a, en conséquence, l'action réelle : *potest defendi in rem competere donatori, si quid horum contigisset.*

Toutefois, remarquons-le, tant que le pacte contraire demeure paralysé dans ses effets jusqu'à l'arrivée de la condition, la convention de donation produira ses effets normaux. La chose sera tradée; et, à un moment où la tradition fait acquérir la propriété civile sur toutes choses, le donataire à qui la chose a été tradée aura l'action réelle, jusqu'à ce que celle-ci lui échappe par l'arrivée de la condition : *interim autem ei cui donatum est.*

L'action réelle ne sera pas, d'ailleurs, donnée seulement dans le cas où le pacte contraire de restitution a été conclu sous la condition *si donator convaluerit,* etc. Nous savons que la chose donnée peut être normalement réclamée par le donateur après le prédécès du donataire; cette règle s'est formée à propos de l'aliénation fiduciaire, *mortis causa*; mais elle a survécu à l'aliénation fiduciaire trouvant une application traditionnelle, quelle qu'ait été la forme qu'ait pu revêtir la donation *mortis causa.* Or ici, cette règle, devenue traditionnelle, est appliquée de la manière suivante : le pacte contraire de restitution, déjà affecté de la condition *si donator convaluerit,* est considéré comme fait aussi sous la condition tacite *si accipiens ante donatorem vita decesserit.* Si le donataire prédécède, le pacte contraire de restitution produira ses effets; la convention originaire de donation tombera; le donateur aura encore, comme dans le premier cas, l'action réelle : *sed et si morte praeventus sit is cui donatum est, adhuc quis dabit in rem donatori.*

Le confert de l'action réelle au donateur suppose donc

qu'il y a eu une convention de donation. C'est dire qu'elle n'a pu être donnée que lorsque le pacte légitime de donation fut reconnu, c'est-à-dire sous Justinien. Aussi, à partir de *si vero sic, ut jam nunc haberet, redderet*, le texte est-il certainement interpolé. Il est certainement l'œuvre, non pas d'Ulpien, sous l'autorité duquel il est placé, mais des compilateurs de Justinien. La question de fond en décide. Il existe en outre, comme on les a relevés, des indices formels d'interpolation : le *potest defendi* signalé comme une tournure employée par les Grecs; l'emploi de *in rem* sans le mot *actio;* l'embarras du *quis dabit;* indices auxquels on peut ajouter avec sécurité l'originalité du *haberet redderet.*

Dans le texte primitif, après avoir envisagé l'hypothèse d'une tradition conditionnelle de la chose objet de la donation, le jurisconsulte Ulpien devait, dans la partie interpolée, envisager l'hypothèse contraire où il a été fait de suite tradition de la chose avec convention de rendre sous la condition *si donator convaluerit.* Nous avons dit que cette dernière hypothèse correspond au contrat innommé, à la combinaison *do ut facias.* Ulpien devait donc, dans ce cas comme dans le cas analogue de tradition d'une chose en dot sous la condition *si nuptiae sequantur*, accorder au donateur une *condictio* et non pas une action réelle à l'arrivée de la condition (1). La *condictio*, qui devait sanctionner cette dernière hypo-

(1) Le texte, relatif à la tradition d'une chose en dot, qui nous permettra de restituer le fr. 29, est le fr. 7, *D.*, 23, 3, *de jure dotium*, du même jurisconsulte Ulpien, *lib. 31 ad Sabinum :... si hac condicione dedit, ut tunc efficiantur, cum nupserit*, SINE DUBIO DICEMUS TUNC EJUS FIERI, *cum nuptiae fuerint secutae, proinde si forte nuptiae non sequantur nuntio remisso*, SI QUIDEM SIC DEDIT MULIER, UT STATIM VIRI RES FIANT, CONDICERE EAS DEBEBIT *misso nuntio : enim vero si sic dedit, ut secutis nuptiis incipiant esse, nuntio remisso statim eas vindicabit.* Nous restituons donc la partie interpolée du fr. 29 de la manière suivante : *si vero sic, ut iam nunc haberet* ET, *si convaluisset vel de proelio vel peregre redisset*, TUNC *redderet* (cf. *D.*, 39, 6, *h. t.*, 35, 3), CONDICTIONE REPETI POSSIT ou CONDICERE REM DEBEBIT.

thèse, est au surplus accordée expressément dans cette vue par de nombreux textes du Digeste.

Dans le texte interpolé, qui nous est transmis, il est question d'une convention de donation et d'une convention contraire de restitution. C'est dans cette espèce que, la condition s'étant réalisée, le donateur a une action réelle pour réclamer la chose donnée (1).

FÉLIX SENN.

(1) Le fr. 29 n'est pas le seul texte, qui prévoie l'emploi du pacte de donation avec pacte contraire conditionnel, en vue de réaliser une donation à cause de mort. Le fr. 11, 9, *D.*, 24, 1, *de donationibus inter virum et uxorem*, du même Ulpien, y fait encore allusion. Or, le texte est encore ici interpolé. Comme nous le démontrerons plus amplement ailleurs, pour indiquer la possibilité de réaliser une donation à cause de mort entre époux au moyen de la forme technique la plus récente, les compilateurs ont ajouté du même coup à ce fr. 11 : et dans le § 1, *sed omnis mortis causa donatio;* et dans le § 2, *quando itaque non retro agatur donatio*; et dans le § 9, *plane in quibus casibus placeat retro agi donationem, ETIAM SEQUENS TRADITIO a muliere facta in pendenti habebitur.*

L'espèce est la suivante. Le texte suppose un pacte légitime de donation avec convention de restitution *mortis causa.* La chose a été tradée par le mari à la femme en exécution du pacte de donation. Nous nous trouvons encore ici *in quibus casibus placeat retro agi donationem :* en ce sens que si le donateur meurt, la convention de restitution tombe; et le pacte légitime de donation a produit légitimement ses effets du jour même de sa conclusion. Or, dans le cas d'un tel pacte avec pacte contraire, la femme qui a reçu du mari la chose tradée, en a fait tradition à un autre. Cette tradition vaut-elle? il faut attendre, pour le savoir, le moment où l'on saura si le pacte contraire produira ou non ses effets. La femme, à qui le mari a fait tradition, était propriétaire; elle a valablement fait tradition. Mais si le pacte contraire produit ses effets, c'est-à-dire si la condition de ce pacte se réalise, si le donateur recouvre la santé ou si la donataire prédécède, le mari donateur aura l'action réelle pour réclamer la chose tradée au tiers possesseur. Si, au contraire, il tombe, c'est-à-dire si le donateur meurt, la femme demeure propriétaire, comme elle l'était dès le moment où le mari a exécuté, par une tradition le pacte légitime de donation; et, en conséquence, le tiers, à qui la femme aurait fait tradition, demeure son légitime ayant droit. C'est ce résultat incertain que les compilateurs ont traduit en ces termes : *ETIAM SEQUENS TRADITIO a muliere facta in pendenti habebitur.*

www.ingramcontent.com/pod-product-compliance
Ingram Content Group UK Ltd.
Pitfield, Milton Keynes, MK11 3LW, UK
UKHW022138260726
13993UKWH00005B/2017

9 782329 153018